Andrea Graner

Was ein Quadrat alles kann

Kinder falten und basteln zu kleinen Geschichten

Verlag an der Ruhr

Impressum

Titel
Was ein Quadrat alles kann
Kinder falten und basteln zu kleinen Geschichten

Autorin
Andrea Graner

Umschlag
Gestaltung: Verlag an der Ruhr; Fotos: Andrea Graner

Fotos
Andrea Graner

Satz und Layout
krauß-verlagsservice, Ederheim/Hürnheim

Druck
AZ Druck und Datentechnik GmbH, Kempten, DE

Verlag an der Ruhr
Mülheim an der Ruhr
www.verlagruhr.de

Geeignet für Kinder von 3–7 Jahren

ISBN 978-3-8346-4417-6

INHALTSVERZEICHNIS

VORWORT

*Liebe*r Leser*in,*

Sie denken sich vielleicht: „Vier Ecken und vier Kanten – und was kann das Quadrat jetzt so Besonderes? Warum sollten sich meine Kinder damit beschäftigen?“

Meine Antwort lautet: Weil ein Quadrat wirklich vieles kann, weil es Spaß macht, weil man seine Fähigkeiten, seine Kreativität ausleben kann und darf und weil man hier allein, zu zweit oder in einer Gruppe etwas entstehen lassen kann. Ganz individuell und nach seinem persönlichen Interesse.

Mein Name ist Andrea Graner und ich arbeite als Erzieherin im Kindergarten mit dem Schwerpunkt Vorschularbeit. Natürlich wende ich meine Geschichten auch in meiner Arbeit an und bin jedes Mal aufs Neue fasziniert, wie die Kinder mit diesen Geschichten umgehen und was daraus entsteht. Das Spannende daran: wir lernen voneinander und ergänzen uns gegenseitig. Denn: Es gibt kein Falsch oder Richtig! Und es gibt auch kein Schöner oder Hässlicher! Es gibt den Stolz: „Das habe ich gemacht, das habe ich ganz allein gemacht und genauso so ist es gut!“

Fähigkeiten wie Falten, Reißen, Schneiden, also Feinmotorik, Fantasie, Konzentration, Vorstellungsvermögen u. v. m. – das kann ein Quadrat uns bieten – viel, oder? Dazu kommen noch der Spaß, das Erfolgserlebnis und das Miteinander.

Was ist eigentlich ein Quadrat? Ein Quadrat ist ein Viereck mit vier gleich langen Seiten und vier gleich großen Winkeln. Wir können Quadrate überall um uns herum entdecken: ein Fenster, ein Topfuntersetzer oder ein Bilderrahmen. Gehen Sie doch mal mit Ihren Kindern auf Quadrat-Suche oder für den Anfang, auf Viereck-Suche.

ZUM MATERIAL

In unserem Fall besteht dieses Quadrat aus Papier. Quadratisches Faltpapier wird in verschiedenen Größen angeboten (z. B.: 10×10, 15×15, 20×20 …), in verschiedenen Farben, auch bunt gemustert und in verschiedenen Materialien (Faltpapier, Regenbogenpapier, Transparentpapier, Seidenpapier, Effektpapier …). Und wenn noch nichts Passendes dabei ist, können Sie es sogar selbst herstellen.

Ich persönlich verwende gerne das 15 × 15-Format. Es ist groß genug, um die Faltvorgänge überschaubar durchzuführen und klein genug, dass Kinderhände es gut bearbeiten können.

Hier ist Ausprobieren ratsam, es kommt ja immer darauf an: Was mache ich? Für was möchte ich es? Für wen möchte ich es?

ZUR ANWENDUNG

Hier stellt sich die Frage, für wen und wie möchten Sie es anbieten? Für die eigenen Kinder? Da kennen Sie sich am besten aus. Für einen Kindergeburtstag oder einen gemütlichen Bastelnachmittag? Hier würde ich die Gruppe nicht zu groß gestalten (vier oder fünf Teilnehmer*innen würden reichen), denn jeder braucht genügend Platz, Unterstützung und eventuell Hilfe. Im Kindergarten oder in der Schule hängt die Gruppenstärke immer von den Kindern und deren Vorerfahrungen ab. Das können Sie als Pädagog*in am besten einschätzen. Grundsätzlich arbeitet es sich in einer Kleingruppe (ca. 4–5 Kinder) am entspanntesten, denn da entsteht ein Miteinander, Unterhaltung, Atmosphäre … In einer zu großen Gruppe würde auch die Geschwindigkeit im Basteln der Geschichten der einzelnen Kinder Unruhe in das Projekt bringen („Ich bin schon fertig, was jetzt?"). Wenn Sie noch etwas unsicher sind: Fangen Sie mit zwei oder drei Kindern an, steigern Sie die Gruppenstärke immer erst dann, wenn es Ihnen gut dabei geht. Es soll Spaß machen und kein Stress sein.

Wie wir alle wissen, hat jeder Mensch seine Begabungen, Fähigkeiten und Erfahrungen. Was ist für wen nun schwierig oder leicht? Zur Orientierung biete ich Ihnen eine Altersskala an, auf der immer die Altersangabe als Zahl hervorgehoben wird, für die sich die jeweilige Faltgeschichte anbieten könnte.

z. B.:

= geeignet für Kinder mit 5 Jahren, plus ein wenig jünger oder ein wenig älter

Alter:
3
4
5
6
7

Das ist nun ein wenig so wie bei den Kochrezepten. Was leicht, mittel oder schwer bedeutet, können nur Sie bzw. die Kinder selbst entscheiden. Also einfach mal beginnen.

Ein kleiner Tipp: Wenn Sie mit Kindern arbeiten und wenn Sie möglichst viele Gestaltungsmöglichkeiten und kreative Freiheit anbieten möchten, bereiten Sie sich vor und legen Sie alle Materialien parat! Nichts ist ärgerlicher, als immer von der Bastelarbeit wegspringen zu müssen, um Wackelaugen zu suchen, oder vielleicht eine Schere oder Klebeband zu holen, weil gerade jetzt ein Unfall repariert werden muss.

Für manche Geschichten bietet sich die Herstellung eines kleinen Büchleins an. Hier gibt es verschiedene Möglichkeiten:

- einen schon fertigen Block verwenden oder ein kleines Schulheft
- DIN-A5-Papier lochen und mit einem Pfeifenputzer verbinden (jedes andere Format ist ebenfalls möglich)
- Blätter in gewünschter Größe tackern, verkleben oder mit einer Spiralbindung zusammenhalten
- Hier ist auch farbiges Papier möglich, Büchlein mit oder ohne Einband, bzw. Deckblatt.
- Manche Kinder können es vielleicht schon alleine und haben ihre eigenen Ideen dazu.
- Ein Deckblatt darf natürlich auch nicht fehlen. Am schönsten ist eines, dass die Kinder selbst gestalten können.

Auch hier sind der Kreativität keine Grenzen gesetzt. Viel Spaß dabei!

Dieses Buch beinhaltet:

- verschiedene Geschichten und Anwendungsfelder
- Anleitungen mit verschiedenen Längen und Schwierigkeitsgraden
- verschiedene Themen
- verschiedene Techniken
- verschiedene Methoden (Projektarbeit, Collagen, Kalender ...)

Die Anleitungen sind alle bildlich dargestellt. Einzelne wichtige Informationen finden Sie immer zu Beginn der Geschichte.

Sie können die Angebote ganz unterschiedlich mit den Kindern durchführen. Überlegen Sie sich im Vorfeld, wie Sie die Geschichte einsetzen. Wollen Sie sie vorlesen, während Sie selbst die Figuren vorfalten, während die Kinder falten oder vielleicht nachdem Sie die Figuren gefaltet haben? Je nach Angebot ist das eine oder andere sinnvoller. Probieren Sie verschiedene Varianten aus.

Zum Schluss noch etwas ganz Wichtiges:

- **Verändern Sie, fügen Sie hinzu oder lassen Sie etwas weg. Bauen Sie eigene Ideen ein und lassen Sie Ihrer Kreativität und der Ihrer Kinder freien Lauf.**

Nun wünsche ich Ihnen, liebe Leser*innen und Ihren Kindern kreativen Spaß, außergewöhnliche Ideen, spannende Resultate und ein fröhliches Miteinander.

Herzlichst Ihre

Andrea Graner

Alter:
2
3
4
5
6

1. Geschichte

Ein Quadrat versteckt sich gern

Materialliste pro Kind:
- 6 Quadrate einer Farbe
- 6 Quadrate in verschiedenen Farben
- evtl. ein vorgefertigtes Büchlein mit 7 Seiten und Deckblatt
- eine Schere
- ein Stift, um die Schnitte für den Stern zu markieren.
- ein Klebestift

Durchführung

Eventuell haben Sie vorab schon ein Büchlein mit sieben Seiten fertiggestellt und sehen es sich nun mit den Kindern als Bilderbuch an. Der Reim wiederholt sich und so findet sich jedes Kind schnell ins Thema ein.

Nun können Sie den Kindern für das erste Versteckspiel zwei Quadrate austeilen, dabei ihnen das Material erst einmal vorstellen und sie damit experimentieren lassen. Unter Anleitung entsteht dann der Stern, hinter dem sich unser pinkes Quadrat zu verstecken versucht – auf ein Blatt kleben, den Text dazu: unsere erste Buchseite ist fertig.

In der gleichen Wiederholung stellen wir nun alle Buchseiten her, bis unser Büchlein fertig ist.

Tipp: Das Quadrat, das sich verstecken möchte, sollte immer die gleiche Farbe haben.

VORLESETEXT

Ich weiß, was ein Quadrat
ganz besonders gerne mag.
Es versteckt sich äußerst gern
hinter einem schönen Stern.
Doch an allen vier Ecken,
kann es sich nicht ganz verstecken.

DURCHFÜHRUNG

Quadrat wird zum Rechteck gefaltet, öffnen, in die andere Richtung zum Rechteck falten, öffnen; an den Faltstellen bis zur Hälfte einschneiden, vom Einschnitt bis zur Ecke des Quadrates die Spitzen falten, wenden.

VORLESETEXT

Ich weiß, was ein Quadrat
ganz besonders gerne mag.
Es wählt sich als Versteck
ein besonders schönes Dreieck.
Doch leider, welch ein Graus,
schaut noch die Hälfte raus.

DURCHFÜHRUNG

Quadrat einmal zum Dreieck falten.

VORLESETEXT

Ich weiß, was ein Quadrat
ganz besonders gerne mag.
Ein Rechteck soll es sein,
doch auch das ist viel zu klein.
Egal, wie man es dreht und wendet
es in keinem Versteckspiel endet.

DURCHFÜHRUNG

Quadrat einmal zum Rechteck falten.

VORLESETEXT

Ich weiß, was ein Quadrat
ganz besonders gerne mag.
Die Spitzen in die Mitte
einmal runterfalten, bitte.
Welch gute Idee!
Doch auch das klappt nicht, o weh.
Viel zu klein ist das Versteck,
für das Quadrat hat's keinen Zweck.

DURCHFÜHRUNG

Quadrat zum Rechteck falten, öffnen, in die andere Richtung zum Rechteck falten, öffnen; alle Ecken bis zur Mitte falten.

VORLESETEXT

Ich weiß, was ein Quadrat
ganz besonders gerne mag.
Mit einem Drachen
könnte es gehen,
doch auch hier ist
noch zu sehen,
vom Quadrat zu viel
an beiden des schönen
Drachen gefalteten Seiten.

DURCHFÜHRUNG

Quadrat zum Rechteck falten, öffnen, alle vier Ecken nach innen zum Knick falten (= zwei gegenüberliegende Dächer), ein Dach nochmals mit der Dachschräge parallel zum Knick falten.

VORLESETEXT

Ich weiß, was ein Quadrat
ganz besonders gerne mag.
Ein gutes Versteck, das ist sein Ziel,
ausprobiert hat es schon viel.
Es möchte so gerne unsichtbar sein,
nicht zu groß und nicht zu klein.

?

VORLESETEXT

Ich weiß, was ein Quadrat
ganz besonders gerne mag.
Ein gleich großes Quadrat, das muss her,
zu finden doch bestimmt nicht schwer.
Es klappt – sucht mich doch in
meinem Versteck.
Schaut nur alle her – ich bin weg.

DURCHFÜHRUNG

Zwei gleichgroße Quadrate so übereinanderkleben, dass das Kind immer die Möglichkeit hat, das obere Quadrat leicht anzuheben, um das versteckte Quadrat zu sehen.

JEDES KIND HAT NUN SEIN EIGENES BUCH.
HERZLICHEN GLÜCKWUNSCH UND VIEL SPASS DAMIT.

2. Geschichte

DAS QUADRAT UND DIE WOCHENTAGE

Materialliste pro Kind:

- großes Papier, auf dem alle Schritte nacheinander sichtbar dargestellt werden können
- 8 Quadrate in einer Farbe, ein Quadrat in der Lieblingsfarbe des Kindes
- Klebestift
- bunte Malstifte für die Schleifen am fertiggestellten Drachen
- evtl. Wackelaugen

DURCHFÜHRUNG

Mit dieser siebenteiligen Fortsetzungsgeschichte können Sie mit den Kindern die Wochentage einüben. Beginnen Sie mit der Vorstellung eines Quadrates. Was ist ein Quadrat? Wie sieht es aus?

Danach können Sie das Endprodukt (den Drachen) zeigen, um so das Kind zu motivieren, auch einen Drachen falten zu wollen, oder Sie halten die Spannung aufrecht und machen einen Faltvorgang nach dem anderen – mit Überraschungseffekt.

Vor jedem Faltvorgang stellen Sie den Wochentag vor. Sie können dabei auch mit den Kindern ins Gespräch kommen: Wie lang ist eine Woche? Welche Wochentage gibt es und wie heißen sie in Reihenfolge?

Da es eine aufbauende Geschichte ist, wiederholen sich die Faltvorgänge ab dem ersten Faltvorgang bei jedem neuen Quadrat immer wieder. Das Kind erlangt durch die Faltwiederholungen Sicherheit und Geschicklichkeit. Die einzelnen Faltfortschritte können in einem Buch oder auf einem Plakat festgehalten werden.

VORLESETEXT

Der **Montag** ist ein guter Tag
weil ich den so gerne leiden mag.
Als Start in die Woche, das ist fein,
da falte ich mich zum Rechteck ein.

DURCHFÜHRUNG

Quadrat zum Rechteck falten und ein zweites Mal zum Quadrat.

VORLESETEXT

Am **Dienstag** überlege ich nicht lange,
falte ich eine Ecke ein, ohne Bange.
Entlang dem Knick des Rechtecks gestern,
toll, das klappt. Das mach ich gern.

DURCHFÜHRUNG

Alles öffnen und eine Ecke zum Knick in die Mitte falten.

VORLESETEXT

Am **Mittwoch** geht es weiter dann,
die zweite Ecke ist heut dran.
Ein Dach entsteht, kannst du es sehen?
Ist deines auch so wunderschön?

DURCHFÜHRUNG

Die zweite Ecke zur Mitte falten.

VORLESETEXT

Am **Donnerstag**, wer hätte es gedacht
Die dritte Ecke folgt, das wäre doch gelacht.
Wenn das nicht klappt, seht nur her.
Es ist gar nicht mal so schwer.

DURCHFÜHRUNG

Die dritte Ecke zur Mitte falten.

VORLESETEXT

Nun ratet mal, was am **Freitag** passiert?
Ja, du hast es gleich kapiert.
Die vierte Ecke falte ich ein,
das Quadrat ist nun ganz klein.

DURCHFÜHRUNG

Die vierte Ecke zur Mitte falten.

VORLESETEXT

Am **Samstag**, die Woche ist nun bald vorbei,
falte ich eine Außenkante zur Mitte – 1, 2, 3.
Kannst du nun schon ahnen,
was wir morgen planen?

DURCHFÜHRUNG

Eine Seite parallel zur Mitte falten.

Ein Drache am **Sonntag** wird entstehen
und mit dir nach draußen gehen.
Nur noch Gesicht, ein Schwanz und Schnur
Dann hast du Spaß mit mir pur.

DURCHFÜHRUNG

Die zweite Seite ebenfalls parallel zur Mitte falten, wenden.

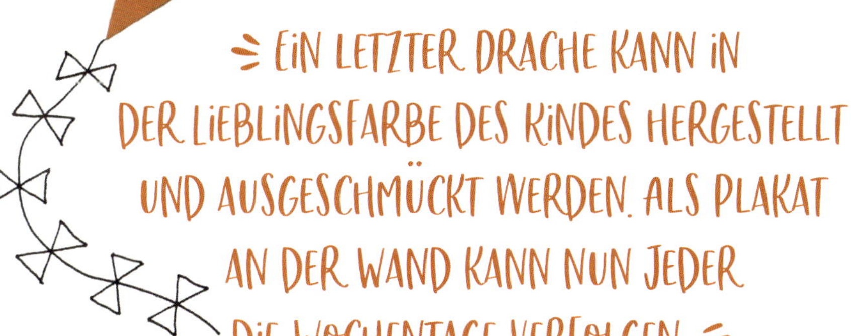

Alter:
3
4
5
6
7

3. Geschichte

Von gross nach klein, von eckig zu rund

Materialliste pro Kind:
- 6 Faltblätter (mind. 15 x 15 cm oder größer)
- Schere
- Klebestift
- Malstift, um Schnitte zu markieren

Durchführung

Dieses Angebot können Sie als Portfolioarbeit oder als Anschauungsbüchlein aufbereiten. Von groß nach klein und im Wechsel von eckig zu rund wird hier eine Spielgeschichte angeboten. Die Kinder erfahren, dass sie die Form immer wieder verändern können, allerdings mit einem Größenverlust. Spannend wird dargestellt, wie das Quadrat oder der Kreis bei jeder Veränderung kleiner wird.

Da es eine aufeinander aufbauende Geschichte ist, ist es notwendig, die einzelnen Schritte immer wieder mit einem neuen Quadrat zu wiederholen.

Alternativ können Sie mit dem Quadrat experimentieren. Die Kinder arbeiten mit einem Quadrat und gehen die ganze Verwandlung von groß nach klein durch. Der Reim kündigt immer die nächste Verwandlung an.

Vielleicht ist ein Kind daran interessiert, dieses Experiment weiterzuführen, bis es nicht mehr möglich ist, das Papier zu bearbeiten. Super, damit haben wir unser Ziel (Neugierde und Freude am Tun) erreicht.
Viel Spaß und natürlich viel Erfolg!

VORLESETEXT

Ich bin ein Quadrat,
ein großes sogar,
habe eine schöne Farbe
mit Muster fürwahr.
Doch … was wäre,
wenn ich einmal rund aussähe?
Das probieren wir gleich mal aus.
Schneide aus mir einen Kreis heraus.

DURCHFÜHRUNG

Quadrat zum Rechteck falten
und ein zweites Mal zum Quadrat,
Rundung aufzeichnen.

VORLESETEXT

Nun bin ich schön rund,
mein Muster auch bunt.
Ich bin ein schöner Kreis,
was jetzt ein jeder weiß.
Doch … was wäre,
wenn ich wieder wie ein
Quadrat aussähe?
Falte mich 2-mal gekonnt im Nu
und schneide das Runde
wieder eckig zu.

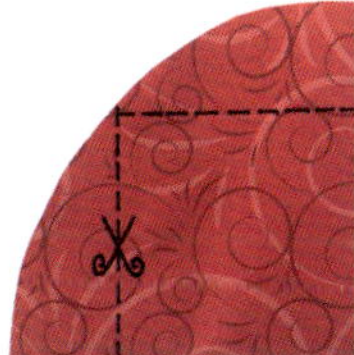

DURCHFÜHRUNG

Kreis zum Halbkreis und ein
zweites Mal zum Viertelkreis falten,
Quadratform einzeichnen.

VORLESETEXT

Nun bin ich zwar kleiner,
das macht mir nichts aus.
Ich habe wieder vier Ecken,
welch ein Augenschmaus.
Doch … was wäre,
wenn ich wieder rund aussähe?
2-mal falten, du kennst den Trick.
Und schon bin ich rund mit viel
Geschick.

DURCHFÜHRUNG

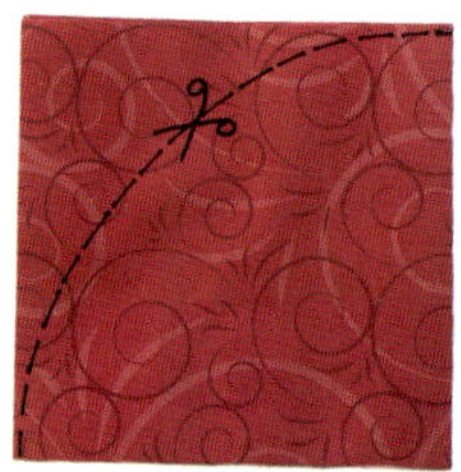

Quadrat 2-mal falten.

VORLESETEXT

Rund sein ist toll,
da kann ich mich drehen,
egal an welchen Stellen
immer gleich aussehen.
Doch … was wäre,
wenn ich wieder eckig aussähe?
Nimm mich in die Hand,
der Rest ist bekannt,
ich bin wieder eckig – Quadrat genannt.

DURCHFÜHRUNG

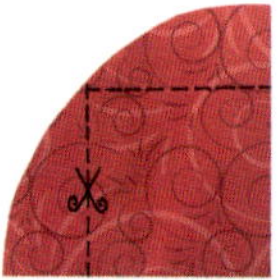

Kreis zweimal falten.

VORLESETEXT

Immer kleiner werde ich,
hast du mit mir Spaß?
Gerade bin ich eckig,
ich flüstere dir was.
Doch, … was wäre,
wenn ich wieder rund aussähe?
Kannst du es nun schon allein?
Denn ich möchte lieber
wieder ein Kreis sein.

DURCHFÜHRUNG

Quadrat 2-mal falten.

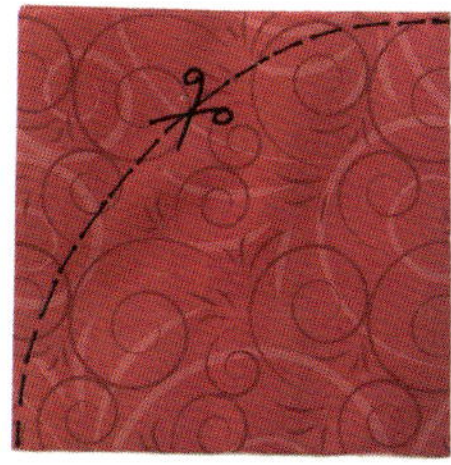

VORLESETEXT

Rund bin ich wieder,
fast wie ein Konfetti
zur Faschingszeit,
siehst du mich noch
und bist du bereit?
Ein letztes Mal,
du bekommst es sicher hin,
dass ich wieder ein Quadrat
bin.

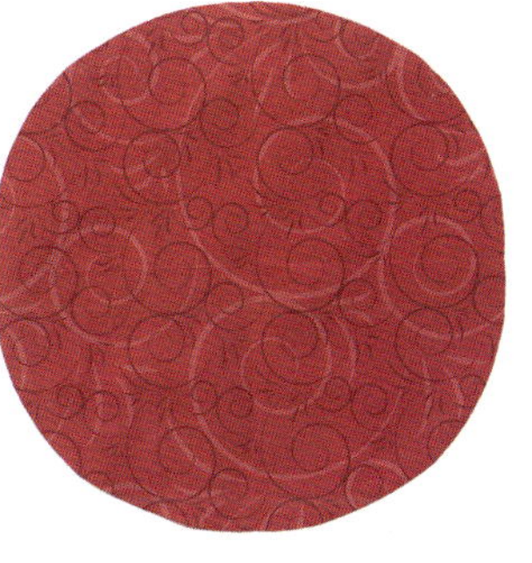

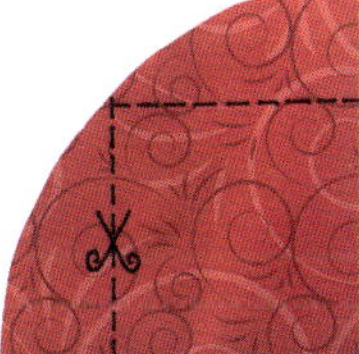

DURCHFÜHRUNG

Kreis zweimal falten.

VORLESETEXT

Hey, das hast du toll gemacht,
na, das habe ich mir auch gedacht.
Von eckig nach rund, von groß nach klein,
Das finde ich lustig, das war fein.

Alter:
4
5
6
7
8
9

4. Geschichte

DAS QUADRAT, DIE 12 MONATE UND VERSCHIEDENE TIERE

Materialliste pro Kind:
- 1 Dauerkalender
- Faltpapier in verschiedenen Farben
- Dekorationsmaterial für den Hintergrund
- Schere
- Klebstift
- Malstifte
- Wackelaugen

DURCHFÜHRUNG

Die Kinder lernen verschiedene Tiere und deren Gestaltungsmöglichkeiten kennen. Hier kommt Ihre und die Kreativität der Kinder zum Tragen: Wie sehen die Kinder die Tiere? Jedes Kind hat andere Erfahrungen mit Tieren gemacht, hat ein anderes Bild vor Augen.

Pro Monat kann man ein Kalenderblatt anbieten. So entsteht ein Jahresprojekt und die einzelnen Tiere könnten detailliert und in Ruhe erarbeitet werden. An dieser Stelle würden sich Erzählrunden anbieten, das Sammeln von jahreszeitlich abhängigen Naturmaterialien zur Ausgestaltung des Kalenderblattes sowie das Beobachten der einzelnen Tiere (eventuell sogar in der Natur). Die Kinder könnten auch als „Tierforscher" verschiedenes Material zusammentragen, wie Bücher, Zeitungsausschnitte, Fotos …

Alternativ beschäftigt man sich nur mit bestimmten Tieren, die gerade in die Lebenssituation einzelner Kinder passen – so entsteht kein Kalender, sondern ein Sammelband oder eine Projektarbeit.

Januar: Rabe

Einleitung: Im Januar können wir die Raben gut beobachten und auch hören!

Material: schwarzes Quadrat, 3 schwarze Federn, Wackelaugen, orangefarbenes Papier für Schnabel und Füße, eventuell Naturmaterialien, wie kleine Äste, gepresste Blätter …

Vorlesetext

Ich bin ein Rabe im schwarzen Federkleid.
Fliegen ist mein schönster Zeitvertreib.
Wenn du willst, kannst du mich sehen,
musst nur oft nach draußen gehen.

Durchführung

Quadrat zweimal falten, öffnen und die Ecken zur Mitte falten.

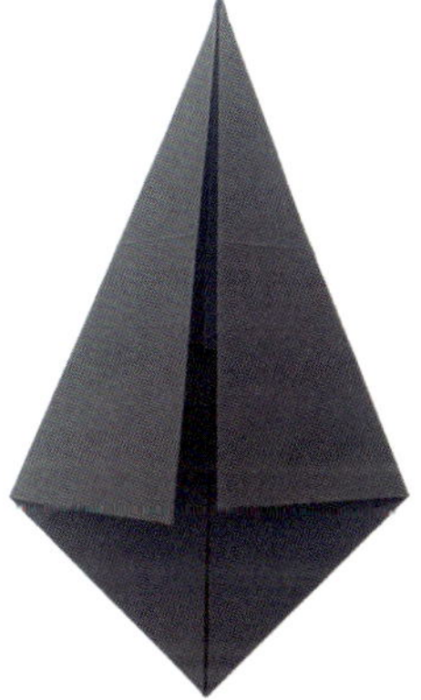

Zwei Außenkanten parallel zur Mitte falten.

Die lang gezogene Spitze ca. bis zur Hälfte einfalten, zum Schluss noch Augen, Schnabel etc. aufkleben.

FEBRUAR: FUCHS

Einleitung: Wer hat schon einmal dieses scheue Tier gesehen?
Materialliste: orangefarbenes Quadrat, schwarzer Stift, eventuell Naturmaterialien aus dem Wald

VORLESETEXT

Ich lebe im Wald und verstecke mich gut.
Vor allen Menschen bin ich sehr auf der Hut.
Mein Fell ist orange und schön anzusehen,
meinen buschigen Schwanz kann ich im Winde drehen.

DURCHFÜHRUNG

Quadrat zum Dreieck falten.

Unteren Rand ca. 1,5 cm einschlagen.

Die äußeren Ecken ca. 3 cm nach innen falten, zwei schräge Kanten entstehen.

Über diese schrägen Kanten werden die Spitzen zurückgefaltet – das ergibt die Größe der Ohren; wenden und Gesicht aufmalen.

März: Huhn

Einleitung: Dieses Tier begegnet uns auf dem Bauernhof und hat im Monat März für Ostern viel zu tun.

Materialliste: orangefarbenes Quadrat, ein Wackelauge, schwarzes und rotes Papier für Kamm und Schnabel, eventuell Naturmaterialen wie Heu; Eier aus weißem oder buntem Papier können ausgeschnitten und dazugeklebt werden …

Vorlesetext

Gack, gack, so mach ich
oder Kikeriki,
wer ich bin, errätst du nie.
Stimmt, du bist schlau,
ich bin ein Huhn
und habe jeden Tag
ganz viel zu tun.

Durchführung

Quadrat zum Dreieck falten.

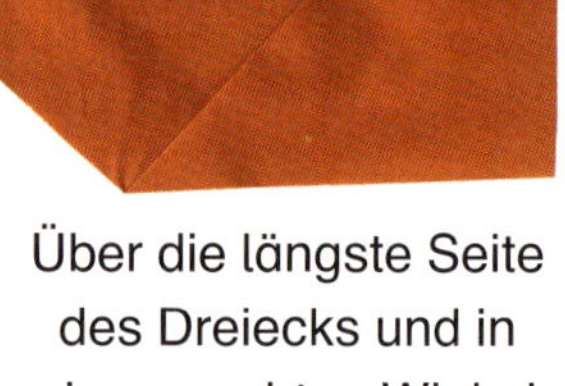

Über die längste Seite des Dreiecks und in einem rechten Winkel (90 °) einen Teil des Dreiecks nach oben falten.

Hintere Spitze nach unten falten – das ergibt den Schwanz, nun das Huhn mit einem Gesicht versehen.

APRIL: SCHMETTERLING

Einleitung: Es gibt so viele verschiedene Schmetterlinge. Sie sind ganz bunt und flattern schnell hin und her. Hast du dieses Jahr schon einen Schmetterling gesehen? Wie sah er aus?

Materialliste: buntes Quadrat, 1 Pfeifenputzer, eventuell noch Blumen dazumalen oder ausschneiden und aufkleben …

VORLESETEXT

Ich bin der Schönste
im ganzen Land
und werde Schmetterling genannt.
Auf der Wiese mag ich
meine Runden drehen,
von Weitem kannst du
meine bunten Flügel sehen.

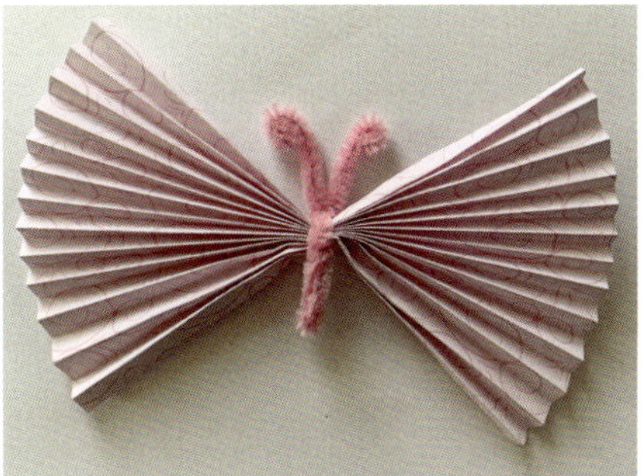

DURCHFÜHRUNG

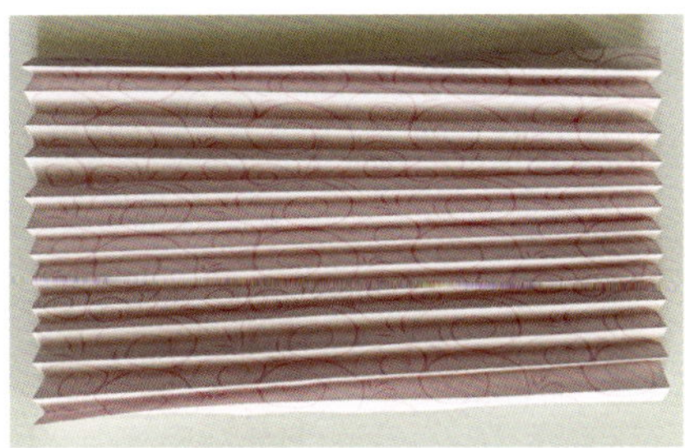

Papier in Ziehharmonikatechnik falten.

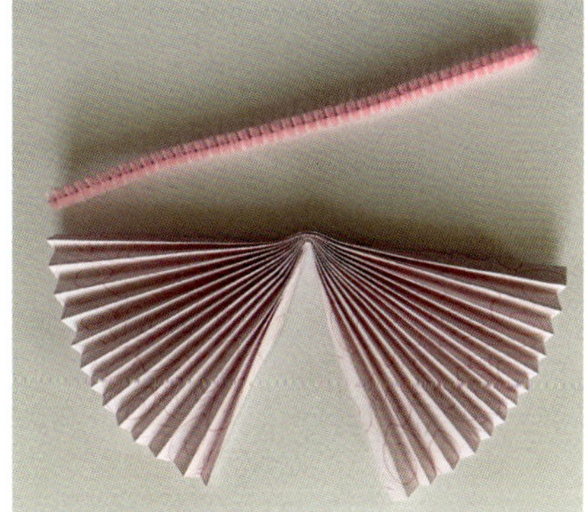

Pfeifenputzer durch einen Knoten um die Mitte befestigen und Flügel etwas auffächern.

MAI: FROSCH

Einleitung: In diesem Monat beginnen die Froschwanderungen, über die sich bestimmt auch viel erzählen lässt.

Materialliste: grünes Quadrat, Wackelaugen, Stift, eventuell blaues Papier um Wasser anzudeuten …

VORLESETEXT

Ich bin grün und liebe es, im Wasser zu sein,
Quaken kann ich ganz laut und bin ungern allein.
Im Wasser versteckt, man sieht mich kaum,
bitte schütze meinen Lebensraum.

DURCHFÜHRUNG

Quadrat zum Dreieck falten.

Unteren Rand ca. 1,5 cm noch oben falten und die Spitze ca. 3 cm nach unten falten.

Faltarbeit drehen und die oberen überstehenden Enden nach unten falten, sodass die Spitzen und der Mittelteil eine Linie ergeben.

Die spitzen Enden schräg zurückfalten – das sind die Füße, Faltarbeit wenden und mit einem Gesicht ausgestalten.

Juni: Marienkäfer

Einleitung: Hast du schon mal einen Marienkäfer gesehen? Wenn du ganz vorsichtig bist, krabbeln sie manchmal sogar auf deine Hand. Hast du das schon mal geschafft? Erzähl mir davon.

Materialliste: rotes Quadrat, schwarzer Stift, eventuell noch Naturmaterialien aus der Wiese

Vorlesetext

Rot mit schwarzen Punkten,
überall bekannt.
So werde ich Marienkäfer genannt.
Glück soll ich bringen,
vielleicht auch dir.
In der Wiese kannst du mich finden,
ich lebe hier.

Durchführung

Quadrat zum Dreieck falten, drehen, ein kleines schwarzes Quadrat aufkleben oder aufmalen.

Dreieck noch mal auf die Hälfte falten und wieder öffnen, über die lange Kante mittig die Flügel einfalten, sodass drei Spitzen entstehen, mit schwarzem Stift Punkte und ein Gesicht aufmalen.

JULI: KREBS

Einleitung: Wer war schon mal am Meer und hat einen Krebs gesehen? Das ganz Besondere am Krebs: seine Art, zu laufen. Wisst ihr, wie?

Materialliste: orangefarbenes Quadrat, Wackelaugen, eventuelle Naturmaterialien wie Sand oder Muscheln

VORLESETEXT

Ich lebe im Meer,
dem salzigen Element.
Bin sehr scheu und wer mich kennt,
respektiert meine Scheren,
mit denen ich zwicken kann,
um mich zu schützen, vor Kind
und Frau und Mann.

DURCHFÜHRUNG

Quadrat zum Rechteck falten, Rechteck wiederum zum Quadrat halbieren und alles wieder öffnen.

Quadrat zum Dreieck halbieren, öffnen und das Gleiche mit der anderen Seite machen, alles wieder öffnen.

Tipp: Jeden Schritt in beide Richtungen falten. Das erleichtert den nächsten Schritt.

Dreieck formen, indem die Ecken des Rechteckes nach innen eingeschlagen werden.

Dreieck mit der langen Kante nach oben vor sich legen, beide oberen und äußeren Spitzen parallel zur Mitte nach innen falten, nach unten zeigende Spitze nach oben falten.

Faltarbeit drehen und rechte und linke Spitze nach oben falten, Faltarbeit wenden und mit Wackelaugen ausgestalten.

AUGUST: FISCH

Einleitung: Fische sind gut anzutreffen. In offenen Gewässern, im Gartenteich, im Aquarium … Möchtet ihr erzählen, wo ihr schon einmal einen Fisch gesehen habt?

Materialliste: blaues Quadrat, schwarzer Stift, eventuell Wasser mit Farben andeuten oder mit Krepppapier aufkleben …

VORLESETEXT

Hin und her, mal rauf und runter.
Meine Welt im Wasser ist viel bunter,
als du dir an Land vielleicht
vorstellen magst, und wenn
du tauchen kannst, dann
sei mein Gast.

DURCHFÜHRUNG

Quadrat zum Rechteck falten, dann zum Quadrat und alles wieder öffnen.

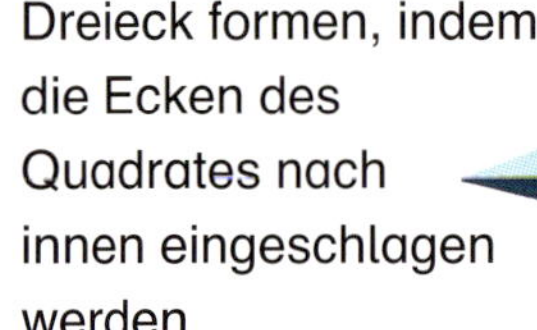

Dreieck formen, indem die Ecken des Quadrates nach innen eingeschlagen werden.

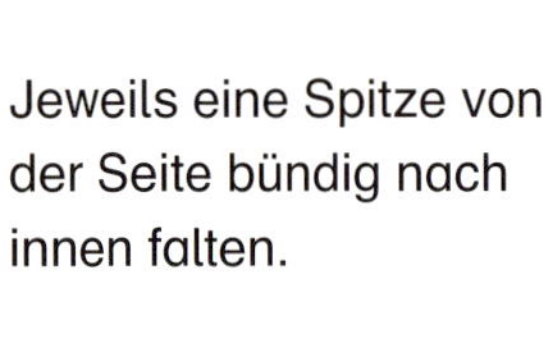

Jeweils eine Spitze von der Seite bündig nach innen falten.

Um die Flossen herzustellen, beide nach innen gefalteten Spitzen wieder umschlagen und überstehend nach unten falten, wenden, Schuppen und Gesicht mit einem schwarzen Stift aufmalen.

SEPTEMBER: ESEL

Einleitung: Pferd oder Esel, kennt ihr den Unterschied? Und was wisst ihr über den Esel?

Materialliste: graues oder lila Quadrat, weißes Papier für die Nase, passendes Papier für die Ohren, schwarzer Stift, eventuell noch Naturmaterialien wie Heu …

VORLESETEXT

Mein Fell ist grau und ich schrei „Iah".
Halli hallo, der Esel ist da.
Ich fresse gerne Gras und wohne im Stall, mit dem Bauern arbeite ich zusammen, überall.

DURCHFÜHRUNG

Quadrat zum Rechteck falten.

Rechteck zum Quadrat falten, anmalen und mit Ohren und Nase verzieren.

Oktober: Igel

Einleitung: Wenn sich dieses seltene Tier in unseren Garten verirrt, haben wir ganz bestimmt viel zu erzählen.
Materialliste: braunes Quadrat, orangefarbenes Papier für Gesicht, Klebestift, eventuell Naturmaterialien, wie kleine Schneckenhäuser, Laub, Moos …

Vorlesetext

Mein Bauch ist ganz weich
und auch mein Gesicht.
Vier Füße zum Laufen,
dies alles sticht nicht.
Doch außen herum
schützen Stacheln mich gut,
wer mich berühren will,
braucht viel Mut.

Durchführung

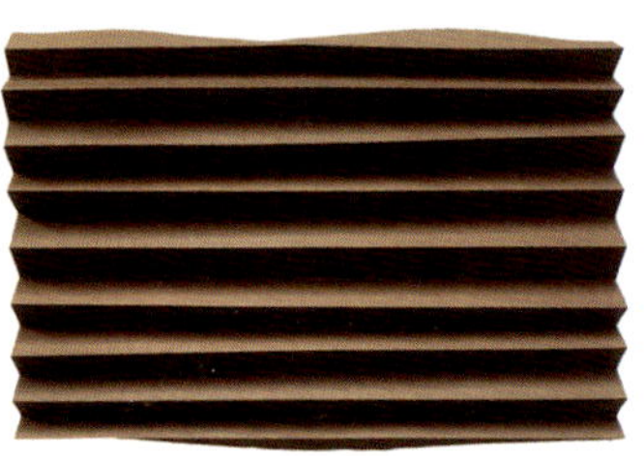

Quadrat in Ziehharmonikatechnik falten.

Mittig zusammenfalten und verkleben, Gesicht herstellen und ausgestalten.

NOVEMBER: MAUS

Einleitung: Wenn die kalte Jahreszeit kommt, sucht sie sich eine warme Unterkunft. Hattet ihr schon mal eine Maus im Haus?

Materialliste: graues oder hellblaues Quadrat, schwarze Wolle, schwarzes Papier für die Ohren, schwarzer Stift, eventuell Naturmaterialien wie Heu oder Getreidekörner …

VORLESETEXT

Piep, piep, ein Mäuschen rennt vorbei.
Viel Spaß mit Freunden habe ich dabei.
In der Scheune und auf dem Feld,
bin ich ein großer Kletterheld.

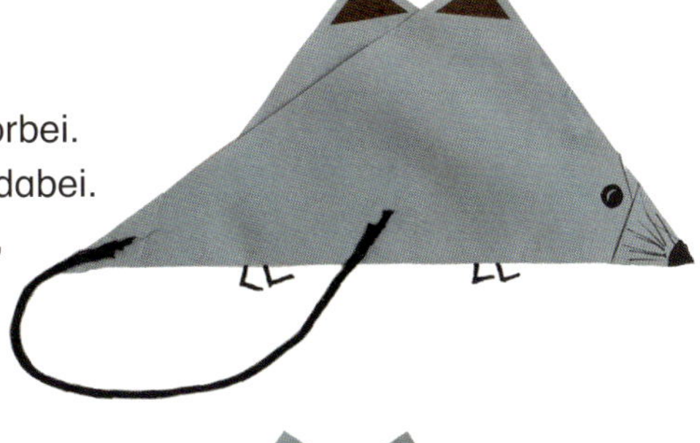

DURCHFÜHRUNG

Quadrat schräg versetzt zum Dreieck falten.

Unteren Rand ca. 1,5 cm nach oben falten.

Einen Eckenüberstand bündig über die Kante nach hinten falten (Kopf), einen Eckenüberstand flach auslaufend nach hinten falten (Schwanz), wenden und ausgestalten.

DEZEMBER: HUND

Einleitung: Kennst du jemanden, der einen Hund hat, oder hast du selbst einen Hund? Dann erzähl uns von ihm.

Materialliste: braunes Quadrat, Wackelaugen, schwarzer Stift, eventuell Ergänzungsmaterial wie gemalter Ball oder ein Stück Stoff als Schmusedecke

VORLESETEXT

Des Menschen
bester Freund bin ich,
du kennst mich,
den Hund, sicherlich.
Bellen kann ich,
wenn ich mag,
schmusen auch,
an jedem Tag.

DURCHFÜHRUNG

Quadrat zum Dreieck falten, drehen.

Beide Spitzen der langen Kante nach unten falten, ein Zwischenraum sollte bestehen bleiben (Stirn), die untere Spitze ein Stück nach oben falten und den Hund ausgestalten.

FALTEN UND SCHNEIDEN

Materialliste pro Kind:
- farbige Quadrate
- Schere
- Klebestift
- Stift für Markierungen

DURCHFÜHRUNG

Aus einem Quadrat und einer Schere entstehen verschiedene Muster. Dieses Angebot können Sie gut als Projektarbeit einsetzen. Jedes Kind kann sich dafür ein Büchlein selbst herstellen.

Je nachdem, wie die Kinder ein Quadrat falten und auch wie verschieden sie Ein- und Ausschnitte machen, kommt beim Öffnen des Quadrates ein Muster heraus. Meine Vorschulkinder behaupten gerne, sie könnten zaubern. Was auf jeden Fall stimmt: es kommen bezaubernde Muster zum Vorschein. Bei dieser Technik stehen Ihnen unzählige Varianten zur Verfügung. Von einfachen Schnittmustern bis zur filigranen Umsetzung ist alles möglich.

Die Schwierigkeit liegt darin, genau zu falten, ein mehrfach gefaltetes Papier zu schneiden und es vorsichtig zu öffnen. Mit ein bisschen Mut und Experimentierfreude macht es sehr viel Spaß.

Um die bisweilen sehr zarten Muster zu schützen, können Sie sie in ein Büchlein kleben. So kann man sie immer wieder ansehen und sich neue Ideen einfallen lassen.

VORLESETEXT

Du denkst, ich bin doch nur ein Quadrat, aber du kennst mich nicht. Soll ich dich auf eine Reise mitnehmen und dir zeigen, was ich alles kann? Komm mit, es wird spannend. Ich verspreche es dir.
Als Erstes falte ich mich und benutze dann eine Schere. Mach es nach, es macht Spaß.

DURCHFÜHRUNG

Quadrat zur Hälfte falten.

Rechteck zur Hälfte falten.

Quadrat so zur Hälfte falten, dass die geschlossene Seite auf den offenen Seiten liegt. Die neue geschlossene Seite zeigt nun nach oben. Linien einzeichnen und einschneiden.

VORLESETEXT

Ich kann noch mehr, bist du neugierig?
Dann lass uns anfangen:
Ich falte mich und benutze wieder eine Schere. Sei gespannt, wenn ich mich auffalte und was ich danach mache.
Kannst du das auch?

DURCHFÜHRUNG

Quadrat zur Hälfte falten.

Rechteck zum Quadrat falten.

Quadrat zum Dreieck falten, sodass die geschlossenen Seiten übereinander liegen.

Quadrat mit den geschlossenen Seiten nach links ausrichten. Linien einzeichnen und einschneiden.

Bei dieser Variante werden nach dem Öffnen des Musters die Einschnitte, die keine Form ergeben, vorsichtig nach innen gefaltet.

VORLESETEXT

So, jetzt wird es richtig spannend.
Pass gut auf, wie ich mich falte
und wie ich schneide.
Siehst du, was herauskommt?
Das kannst du auch,
probiere es einfach aus.

DURCHFÜHRUNG

Quadrat zum Dreieck falten.

Dreieck zur Hälfte wieder in ein Dreieck falten.

Dreieck noch einmal zur Hälfte in ein Dreieck falten, sodass die geschlossenen Seiten übereinander liegen und diese nach links ausrichten. Linien einzeichnen und einschneiden.

VORLESETEXT

Findest du nicht auch,
dass ich tolle Sachen kann?
Ich zeige dir noch etwas.
Schau gut zu,
danach bist du an der Reihe.

DURCHFÜHRUNG

Quadrat zum Dreieck falten.

Dreieck noch einmal zur Hälfte zum Dreieck falten,
Linien einzeichnen und einschneiden.

Zusammen sind wir ein tolles Team. Das machst du prima.
Nun haben wir schon viele spannende Verwandlungen von mir
als Quadrat gesehen. Findest du nicht auch?

VORLESETEXT

Noch Lust auf eine letzte Verwandlung? Sieh genau hin, dann kannst du es auch. Das macht Spaß und Lust, noch mehr auszuprobieren, oder?

DURCHFÜHRUNG

Quadrat zum Rechteck falten.

Rechteck zum Quadrat falten.

Quadrat zum Dreieck falten, sodass die geschlossenen Seiten übereinander liegen. Quadrat mit den geschlossenen Seiten nach rechts ausrichten, Linien einzeichnen und einschneiden.

Auch bei dieser Variante werden die Einschnitte nach dem Öffnen nach innen und am äußeren Rand zur Spitze gefaltet.

Es gibt noch viele Ideen, bestimmt fällt dir noch ganz viel ein. Ich freue mich auf deine Experimente mit mir als Quadrat und einer Schere.
Viel Spaß!

Alter: 5 6 7 8 9

⥤ WIE WEIT KANNST ZU ZÄHLEN? ⥢

Materialliste:
- Quadrate in beliebiger Farbe
- Klebestift
- zusätzlich ausreichend große Blätter zum Aufkleben.

DURCHFÜHRUNG

Bei diesem Angebot lernen die Kinder eine Vervielfältigungstechnik kennen. Dabei schulen sie Mengenerfassung, Mengenvorstellung, Feinmotorik und Geschicklichkeit. Mit ein bisschen Hilfe kann jedes Faltstadium aufgeklebt werden. Gestalten Sie die Geschichte für die Kinder als Experiment. Dafür gibt es verschiedene Möglichkeiten:

- Experiment: Was passiert, wenn ich immer ein Teil durch vier teile? Wie viele Teile erhalte ich? Wie oft kann ich das machen? Gibt es eine Regelmäßigkeit?
- Experiment veranschaulichen: Für jeden Schritt brauchen wir ein neues Quadrat. Die immer kleiner werdenden Quadrate müssen aufgeklebt werden. Hier ist Durchhaltevermögen, Konzentration, Genauigkeit und Organisationstalent gefragt.
- Weiterarbeit: Es gibt immer noch etwas Kleineres, dass wir mit unseren Quadraten vergleichen können. Lassen Sie die Kinder nach Vergleichsobjekten suchen.

Ich habe vier Ecken und vier gleich lange Seiten, ich bin also ein Quadrat.
Und ich bin so groß wie ein Kuchenteller, findest du nicht auch?

Noch bin ich ein großes Quadrat, aber was passiert,
wenn du aus mir kleinere Quadrate schneidest?
Falte mich zu Hälfte und dann nochmals zur Hälfte.
Danach faltest du mich wieder auf. Siehst du die Knicke?
Daran schneidest du entlang.
Kannst du schon sehen, was aus mir wird?

Vier Quadrate – nun sehe ich aus wie Notizzettel.

Ich bin neugierig, was passiert,
wenn du jedes der vier Quadrate wieder faltest
und auseinanderschneidest. Du auch?

Nun bin ich so groß wie ein Keks. Magst du Kekse?
Kannst du auch zählen, wie viel Quadrate aus mir geworden sind?

16 Quadrate – richtig. Du bist gut im Zählen.

Wollen wir noch eine Runde machen?
Falte jedes der 16 Quadrate wieder 2-mal und schneide sie auseinander.
Nun bin ich so groß wie ein Kieselsteinchen.
Schöne Kieselsteine sammeln macht Spaß!

Möchtest du wissen, wie viel Quadrate jetzt aus mir geworden sind?
Es sind 64 Quadrate.

Das Zählen überlassen wir ab hier anderen, wir überlegen lieber, was passiert, wenn wir mich noch einmal 2-mal falten und mich auseinanderschneiden.

Puuh, das ist ganz schön viel Arbeit. Du hast das sehr gut gemacht. Hast du auch eine Idee, was ich in dieser Größe sein könnte? Also, wenn ich ein Erdnüsslein wäre, hättest du jetzt zwei Hände voll leckerer Nüsse.

Es geht noch kleiner, denn wenn wir nun die Quadrate nochmals teilen würden – was wir aber nicht machen –, hätten unsere Quadrate jetzt die Größe von Perlen, vielleicht in Rot oder Grün oder sogar Gold. Kannst du dir das vorstellen? Diese Menge würde für eine ganze Kette reichen. Was würde passieren, wenn man mich noch kleiner schneidet? Vielleicht wäre ich dann Sand, der über deine Haut rieselt?

Alter:
3
4
5
6
7

Vier Weihnachtswochen

Materialliste:

- für jeden Advent ein Quadrat in der gewünschten Farbe

Durchführung

Sie können die 4 Adventswochen/-sonntage als Plakat gestalten. Auch Weihnachtsbriefe zum Beispiel an die Eltern/Großeltern können jede Woche entstehen. Oder alle vier Karten ergeben das Weihnachtsgeschenk der Kinder für die Eltern. Hier kann auch gemustertes Papier verwendet werden oder einfarbige Faltarbeit wird zusätzlich ausgeschmückt. Ebenso kann dieses Angebot als Portfolioarbeit aufbereitet werden.

1. ADVENT

VORLESETEXT

Der 1. Advent läutet
die Weihnachtszeit ein,
eine Zeit voll Wunder
für Groß und Klein.
Fenster werden geschmückt
und auch der Tisch,
Kuchen und Kekse
gibt's köstlich, ganz frisch.
Glänzend und golden liegt
ein gebastelter Stern bereit,
zu verschönen die vor-
weihnachtliche Adventszeit.

DURCHFÜHRUNG

Beide Quadrate zweimal zum Rechteck falten, öffnen, Faltstellen bis zur Hälfte einschneiden.

Vom Schnitt bis zur Ecke eine Spitze falten, wenden. Beide Sterne versetzt aufeinanderkleben.

2. ADVENT

VORLESETEXT

Um den 2. Advent, man hält die Spannung kaum aus,
kommt zu allen Kindern der liebe Nikolaus.
Er bringt Nüsse und Äpfel,
versteckt sie im Schuh,
wenn es keiner merkt, nachts,
wenn alle liegen zur Ruh.
Dann teilt er allen Kindern seine Gaben aus,
bestimmt kommt er auch zu dir nach Haus.

DURCHFÜHRUNG

Quadrat zum Dreieck falten, öffnen, andere Richtung zum Dreieck falten.

Beide Spitzen der langen Kante bis zur Mitte falten.

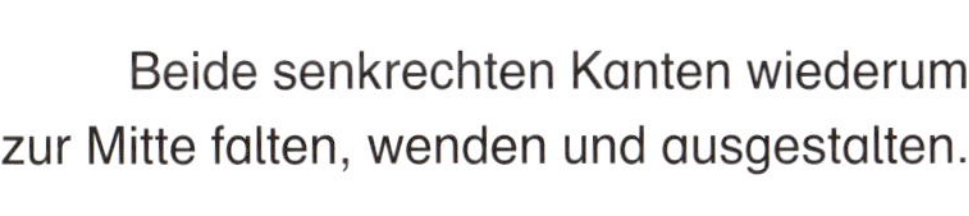

Beide senkrechten Kanten wiederum zur Mitte falten, wenden und ausgestalten.

3. ADVENT

VORLESETEXT

Der 3. Advent,
nun wird es höchste Zeit,
die Wünsche zu Heiligabend
liegen schon bereit.
Ein Brief an den Weihnachtsmann
soll draus entstehen
und mit der Weihnachtspost
auf die Reise gehen.
Ein Briefumschlag mit deinem Namen und schön verziert,
ganz wichtig: an den Weihnachtsmann adressiert.

DURCHFÜHRUNG

Quadrat zum Rechteck falten, öffnen, andere Richtung zum Rechteck falten, öffnen, drei Ecken zur Mitte falten.

Vierte Ecke überlappend nach innen falten.

4. ADVENT

VORLESETEXT

Ab dem 4. Advent, es ist nun bald so weit,
werden die letzten Vorbereitungen
zum Fest aufgeteilt.
Weihnachtsgebäck wird auf
den Tellern serviert,
mit goldenen Kerzen der
festliche Tisch dekoriert.
Der Weihnachtsbaum wird
im Wohnzimmer aufgestellt
und die Vorfreude unser
aller Herzen erhellt.

DURCHFÜHRUNG

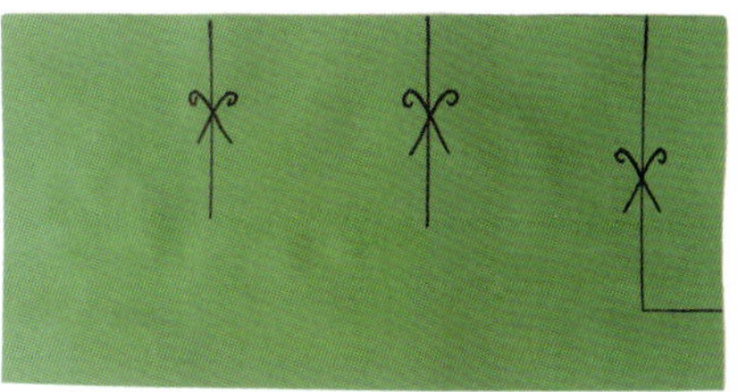

Quadrat zum Rechteck falten und Einschnitte wie auf der Abbildung markieren und einschneiden.

Vom Einschnitt zur Außenlinie eine Spitze falten, falls Überstände entstehen, können diese auch abgeschnitten werden, wenden und eventuell ausgestalten.

Alter:
2
3
4
5
6
7

8. Geschichte

ZWEI QUADRATE GEHEN AUF DIE REISE

Materialliste:
- jeweils 2 Quadrate in der gleichen Farbe (für die Faltmännchen am Anfang und am Ende)
- jeweils 1 Farbstift für das Gesicht, Hände und Füße
- farbiges Papier für die Reißarbeiten
- Büchlein, in die die Geschichte und der Text geklebt werden können

DURCHFÜHRUNG

Die Geschichte kann als Buch gestaltet werden. Hier können die Kinder sehr viel eigene Vorstellungskraft und Ideen einbringen.
Bei diesem Angebot geht es um Falt- und Reißarbeit. Die Männchen werden noch nach Vorlage gefaltet, das Reißen gestaltet jedes Kind selbst. Das Reißen klingt einfach, ist es aber nicht, schließlich soll ja ein Gegenstand entstehen. Kinder, die noch nie gerissen haben, sollten mehr Papier zur Verfügung haben, falls sie mehrere Versuche haben möchten. Letztendlich ist dieser Teil der Geschichte sehr individuell. Jedes Büchlein wird anders aussehen und das ist das Schöne daran. Für diese Geschichte brauchen Sie ein wenig Mut und eine große Akzeptanz – es gibt hier kein Richtig oder Falsch, nur „anders“. Vorausgehend können Sie ein schon fertiggestelltes Büchlein zeigen, dann wissen die Kinder, was auf sie zukommt. Außerdem kennen sie dann schon die Geschichte und können ihr eigenes Büchlein nach Vorlage gestalten. Wenn Ihr Ziel ist, dass die Kinder selbst kreativ werden, sollten keine visuellen Vorgaben gegeben werden. Sie geben eine vage Richtung vor und lassen sich überraschen, was passiert, wenn Sie mal keine Reißanleitungen geben? Hierbei entstehen spannende Varianten, aber vielleicht auch ein wenig Chaos.
Viel Spaß!

VORLESETEXT

Ein Quadrat hatte so viel Lust aufs Leben,
es wusste, da musste es tolle Dinge geben.
Es wollte fort – ein Abenteuer in Sicht,
doch: es findet seine Beine nicht.

Kurz überlegt es,
was kann da herhalten?
Das Quadrat etwas schräg
sich zum Halstuch gefalten.

Da lacht es erleichtert,
denn die Lösung ist klar.
Zwei Spitzen gefaltet,
entspricht den Beinen fürwahr.

Schon kommen die Beine sichtbar hervor,
das klappt doch prima,
so läuft es sicher durchs Tor.

DURCHFÜHRUNG

Quadrat schräg zum Halstuch falten,
die äußeren Enden der langen Seite
nach innen falten und wieder halb
nach außen falten.

VORLESETEXT

Auch Hände zum Klatschen
oder zum Winken,
zum Essen, zum Streicheln
oder zum Trinken,
die sollten schon sein,
das wäre nett,
die Hände an die Seiten gefaltet,
nun ist es fast komplett.

Nun fehlen noch Füße,
Hände und ein Kopf,
dann ist es ein kompletter Tropf.
Da nehme dir zu Hilfe einen Stift,
male alles dazu plus ein Gesicht.

Wenden, aufkleben und mit Händen, Füßen und Gesicht ausgestalten.

VORLESETEXT

Doch Abenteuer zu erleben, so ganz allein,
das wird auf Dauer bestimmt langweilig sein.
Ein Freund, na klar, es muss einer her,
ein zweites Quadrat, es freut sich schon sehr.
Genauso gefaltet wie gerade eben,
schon steht ein Freund glücklich daneben.
Denn nun kann die Reise endlich beginnen,
wir könnten ein kleines Liedchen anstimmen.

HALLO

VORLESETEXT

Dort in der Ferne, sehr gut zu sehen,
ein großer Berg, da können wir hingehen.
So hoch hinaus, uns wird im Bauch ganz flau,
wir suchen uns etwas anderes: Schau!

Schon von Weitem zu entdecken,
hinter dem Busch dort können wir
uns verstecken.

Das macht Spaß, doch weißt du, was
weiter dort hinten wächst im Gras,
eine Blume, so wunderschön,
hast du sie auch schon gesehen?

Weiter, immer weiter geht die Reise,
und es wird Zeit für eine gute Speise.
Eine Pizza so schmackhaft, groß
und rund,
die passt ganz sicher in unseren
Mund.

So, nun wird eine gemütliche Pause gemacht.
Wir suchen uns ein Plätzchen, das wäre doch gelacht.
Von der Sonne erwärmt, ist dieser Stein bestimmt gut,
klettere hinauf, hab ein wenig Mut.

So liegen wir schlafend
ganz schön lange,
der Mond ist schon da,
uns wird ganz bange.

Nun müssen wir uns auf den Heimweg machen,
erlebt haben wir ganz tolle Sachen.
Doch nun gehen wir wieder zu uns nach Haus
und unser Abenteuer ist nun aus.

TSCHÜSS

QUADRATE ALS FARBENSPIEL

Materialliste:

- Quadrate in verschiedenen Farben, ca. 3 x 3 cm bis 5 x 5 cm, eventuell laminiert
- Vorlagen, auf die die farbigen Quadrate gelegt werden können

DURCHFÜHRUNG

Eine Quadratgeschichte für die Kleinsten. Spielerisch werden Farben kennengelernt und zugeordnet. Dieses Angebot können Sie als Buch gestalten oder als Tischspiel.

Die Kinder bekommen als Vorlage einen Rahmen in Quadratform mit der Aufgabe, ein Quadrat mit einer bestimmten Farbe hineinzulegen.

Werden die Farben erst gelernt, kann die Vorlage als Hilfe die gewünschte Rahmenfarbe haben. Sind die Farben weitgehend schon bekannt, reicht ein schwarzer Rahmen.

VARIANTE 1

Alter: 1 2 3 4 5

DURCHFÜHRUNG

Ein gelber Rahmen wird angeboten und das Kind sucht sich aus den bereitgestellten Quadraten das gelbe heraus und legt es in den gelben Rahmen. Oder: das Kind bekommt einen schwarzen Rahmen und sucht sich, auf Anweisung, aus den bereitgestellten Quadraten ein gelbes heraus und legt es in den schwarzen Rahmen. Dazu kann der Reim aufgesagt werden, als Signal, dass jetzt das Kind an der Reihe ist.
Für die folgenden Strophen müssen Sie lediglich das Wort für die Farbe austauschen. Die restliche Strophe bleibt gleich.
Wie oben beschrieben, kann so mit jeder Farbe umgegangen werden.

VORLESETEXT

Ich bin ein Quadrat, so wunderschön,
kannst du meine Farbe sehen?
Gelb (Dieses Wort wird, je nach Farbe, ausgetauscht)
bin ich, das stimmt genau,
du bist wirklich schlau.

oder:

Das gleiche Spiel kann mit zwei Quadraten angeboten werden.

Wir sind zwei Quadrate, so wunderschön,
kannst du unsere Farbe sehen?
Rot und **Grün**, das stimmt genau,
du bist wirklich schlau.

oder:

Alter: 2 3 4 5 6

Materialliste:

- Quadrate in verschiedenen Farben, ca. 3 x 3 cm bis 5 x 5 cm, eventuell laminiert
- Vorlagen, auf die die farbigen Quadrate gelegt werden können

DURCHFÜHRUNG

Den Kindern wird ein Rahmen angeboten, in den mehrere Quadrate passen.

Mögliche Aufgabenstellungen wären:

- Schätze mal: Wie viele Quadrate passen in diesen Rahmen? Probiere nun aus, wie viele Quadrate wirklich hineinpassen.
- Fülle diesen Rahmen nur mit roten und grünen Quadraten.

Hier sehen Sie ein paar mögliche Rahmen:

Beispielrahmen 1:

Beispielrahmen 2:

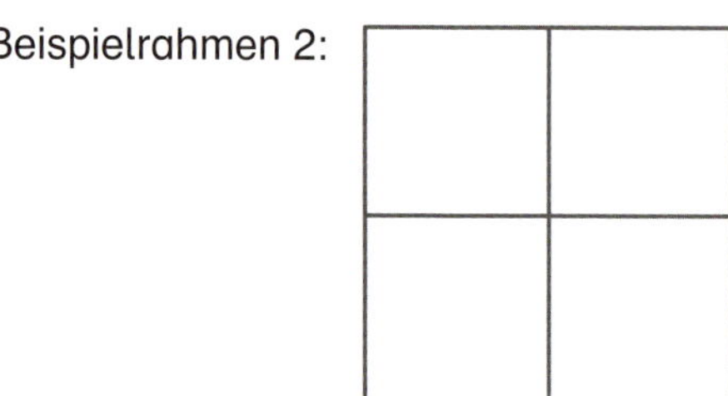

Beispielrahmen 3:

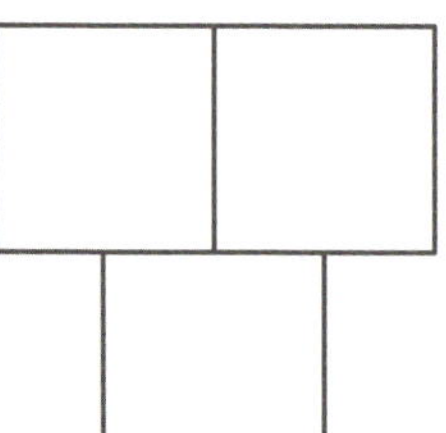

Materialliste:

- Quadrate in verschiedenen Farben, ca. 5 x 5 cm, nicht laminiert
- Vorlagen, auf die die Quadrate gelegt werden können, plus gefaltete Formen aus den Quadraten (Rechteck, Dreieck …)

DURCHFÜHRUNG

Den Kindern wird ein Rahmen angeboten, in den sie Quadrate legen sollen.

- Zusätzliche Schwierigkeit: Um den Rahmen ausfüllen zu können, müssen manche Quadrate in andere geometrische Formen gefaltet werden. Jetzt kommt es nicht mehr auf die Farbe an, sondern auf die Form.
- Zusätzliche Schwierigkeit: Man bietet nur den Rahmen an und lässt die Innenstriche weg.

Hier sehen Sie zwei mögliche Rahmen für diese Variante:

Beispielrahmen 1:

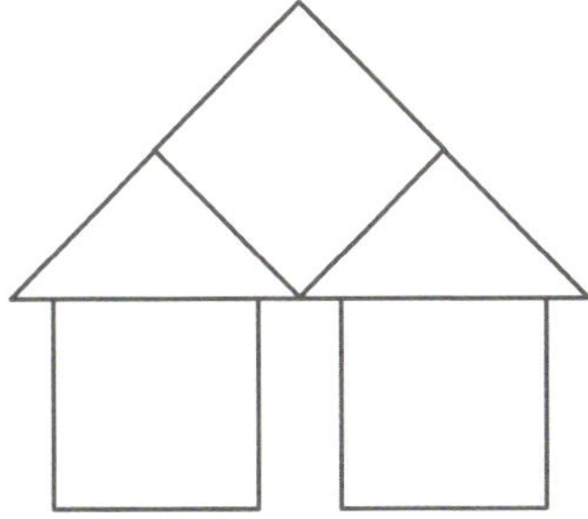

Beispielrahmen 2:

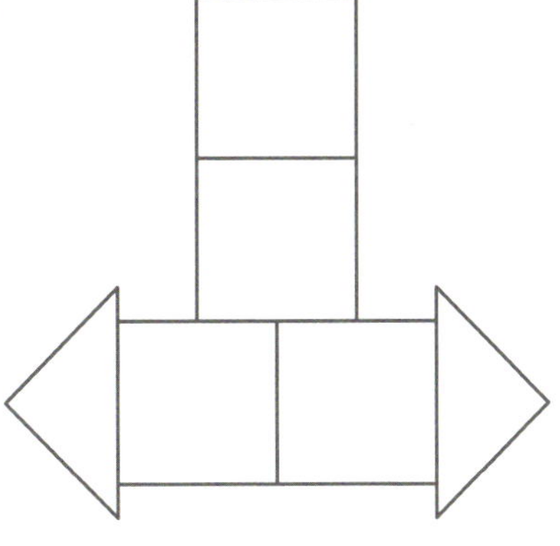

Alter:
3
4
5
6
SO LANGE ES SPASS MACHT.

QUADRATE WERDEN ZUM MANDALA

Was ist ein Mandala? Mandalas stammen aus Indien. Das Wort kommt aus der indischen Sprache Sanskrit und bedeutet so viel wie „Kreis". Mandalas sind abstrakte oder bildhafte Kunstwerke und dienen als Meditationshilfe. Sie haben meistens eine Kreis- oder Vierecksform. Doch die Kreisform ist bekannter. Mandalas folgen einem bestimmten Muster. Die Linien und Muster führen zur Mitte. So erscheint es, als wäre alles um den Mittelpunkt herum angeordnet.

DURCHFÜHRUNG

Die Schwierigkeit hierbei ist, dass die Kinder die Arbeitsanweisungen genau verstehen und umsetzen müssen, damit es funktioniert. Dabei wird trotzdem die Fantasie der Kinder angeregt, da sie eigene Ideen entwickeln und verwirklichen können. Hergestellt aus Transparentpapier, geben die Mandalas auch einen schicken Fensterschmuck ab. Größe, Anzahl und Farbe der Quadrate sind variabel. Aus den Quadraten werden verschiedene Formen gefaltet und verarbeitet. Hier sind (fast) alle Ideen umsetzbar. Probieren Sie doch einfach mal die folgenden Anwendungsmöglichkeiten aus:

- Ein Mandala nach Anleitung falten, beinhaltet, Anweisungen zu ver-stehen und umsetzen zu können. Die Idee eines anderen muss ver-standen und reproduziert werden. Hier ist keine eigene Kreativität möglich, jedoch werden Vorstellungskraft, Konzentration und Genauigkeit verlangt.
- Bei einem Mandala, das man selbst herstellt, sind eigene Ideen gefragt, Experimentierfreude, Ideenreichtum und Organisation ...

Tipp: Zur Stabilisation können die Teile mit einem Klebestreifen verbunden oder auf einem Papier aufgeklebt werden.

VORLESETEXT

1. Faltaufgabe:
Suche dir 20 Quadrate aus (immer vier in der gleichen Farbe).
Falte 8 Quadrate (jeweils vier Quadrate in der gleichen Farbe) 2-mal auf die Hälfte, sodass 8 kleine Quadrate entstehen.

Falte nun 4 Quadrate (in der gleichen Farbe) diagonal auf die Hälfte zu einem Dreieck.

Falte nun 8 Quadrate (jeweils vier Quadrate in der gleichen Farbe) diagonal auf die Hälfte zu einem Dreieck und schlage eine Spitze bis auf ca. 1 cm wieder zurück.

Vier von ihnen ordne bitte wieder als Quadrat an, das ist deine Mitte. Weitere vier setze mit der gleichen Seite überlappend an jede Spitze.

Nun nimm vier kleine gefaltete Quadrate und fülle die Lücken. Achte darauf, dass die Quadrate zur Spitze gedreht sind.

Die anderen vier kleinen Quadrate kommen an die Spitzen der zweiten Dreieckreihe.

Verschließe mit den zum Dreieck gefalteten Quadraten die schräg eingeklebten kleinen Quadrate.

DEIN ERSTES SELBST HERGESTELLTES MANDALA IST FERTIG.

VORLESETEXT

2. Faltaufgabe:
Suche dir 16 Quadrate aus (immer vier in der gleichen Farbe).
Falte aus vier Quadraten einer Farbe vier Rechtecke.

Aus acht Quadraten (jeweils vier in der gleichen Farbe) falte bitte Dreiecke.

Nun falte noch aus vier Quadraten einer Farbe vier Blumen.
Dafür ein Quadrat 2-mal zum Dreieck falten und wieder einmal öffnen.
Über die lange Kante mittig die Seiten einfalten, sodass drei Spitzen entstehen.

Die Rechtecke bilden deine Mitte. Ordne sie bitte so an, dass sich alle Rechtecke mit den Spitzen der kurzen Seite berühren.

An die äußeren Kanten der Rechtecke lege bitte immer ein gelbes Dreieck mit der längsten Seite.

In dessen Öffnung schiebst du das zweite orange Dreieck ein kleines Stück ein.

Als Letztes lege die vier Blumen, mit der Spitze nach innen, halb auf das Dreieck und halb auf das Rechteck.

DEIN ZWEITES SELBST HERGESTELLTES MANDALA IST FERTIG.

VORLESETEXT

3. Faltaufgabe:

Suche dir 15 Quadrate aus (immer 3 Quadrate in der gleichen Farbe). Falte sechs Quadrate (jeweils drei Quadrate einer Farbe) zu Blumen. Dafür ein Quadrat zweimal zum Dreieck falten und wieder einmal öffnen. Über die lange Kante mittig die Seiten einfalten, sodass drei Spitzen entstehen.

Aus sechs Quadraten (jeweils drei Quadrate einer Farbe) faltest du bitte Dreiecke.

Aus drei Quadraten einer Farbe falte bitte Rechtecke.

Drei Blumen bilden deine Mitte.

An die Spitzen der Blumen setze drei Dreiecke einer Farbe mit der Spitze leicht überlappend an.

Hinter diese Dreiecke setze wieder drei Dreiecke einer Farbe an.

Nun fülle die Lücken bei den Blumen mit den Rechtecken auf.

Auf jedes Rechteck setze mittig eine Blume in der gleichen Farbe.

DEIN DRITTES SELBST HERGESTELLTES MANDALA IST FERTIG. GRATULIERE!!!

Alter: 4 5 6 7

Das Quadrat kommt in die Schule

Materialliste:
- Verschiedenfarbige Quadrate
- Klebestift
- Malstift

Durchführung

Wenn die Einschulung bevorsteht, sind Kinder wie Eltern immer etwas aufgeregt. Ein neuer Lebensabschnitt beginnt. Wie schön ist es, sich gebührend darauf vorzubereiten.
Im Gespräch ergibt sich allerlei Wichtiges, wie z. B.: der Brauch einer Schultüte oder der Inhalt des Schulranzens.
Dazu könnte, zur bevorstehenden Einschulung, mit den Vorschulkindern im Kindergarten ein kleines Büchlein hergestellt werden, dass in dieser Form auch als Einladung für die Eltern zum Kindergartenabschluss ausgegeben werden könnte. Alternativ könnten Sie die Geschichte aber auch als Abschlussbericht ins Portfolio heften.
Als besondere Einladung oder Geschenk verpackt, freuen sich sicherlich auch die Großeltern darüber oder es kann ein Plakat für diesen Ehrentag hergestellt werden. Das Kind kann sich kreativ einbringen und eventuell noch weitere Gestaltungsmöglichkeiten umsetzen.

Vorlesetext

Ein kleines Quadrat, das freut sich sehr,
es kommt bald in die Schule, seht nur her.

VORLESETEXT

Eine Schultüte, bunt und gut gefüllt,
so manchen kleinen Wunsch erfüllt.

DURCHFÜHRUNG

Quadrat zum Dreieck falten.

Öffnen und zwei Seitenkanten in die Mitte an den entstandenen Knick falten.

VORLESETEXT

Stifte sind darin in großer Zahl,
so viele schöne Farben, je nach Wahl.
Was ist deine Lieblingsfarbe? Meine ist Blau.
Wie der Himmel oder das Meer, ganz genau!

DURCHFÜHRUNG

Quadrat zum Rechteck falten.

Öffnen und zwei Ecken zum Dach einfalten.

Äußere Kanten in die Mitte falten.

Nochmals äußere Kanten in die Mitte falten, wenden und ausgestalten.

VORLESETEXT

Am liebsten würde ich gleich starten
und nicht noch länger warten.
Rechnen, schreiben und auch lesen –
ich bin lange genug im Kindergarten gewesen.
Ein Bild von mir, gerahmt und schön,
ist schon im Klassenzimmer anzusehen.

DURCHFÜHRUNG

Quadrat an jeder Seite ca. 1,5 cm nach innen falten.

Ausgestalten.

VORLESETEXT

Doch was ist noch in meiner Schultüte drin?
Ein Lineal und ein Heft – das macht Sinn.
Ich schreibe gleich meinen Namen drauf,
bevor ich in die Schule lauf.

DURCHFÜHRUNG

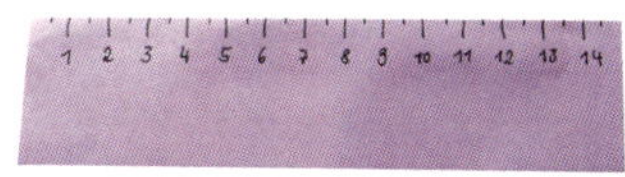

Lineal:
Quadrat zum Rechteck falten, öffnen.

Äußere Kanten nach innen falten.

Über die Mitte ein zweites Mal falten. Ausgestalten.

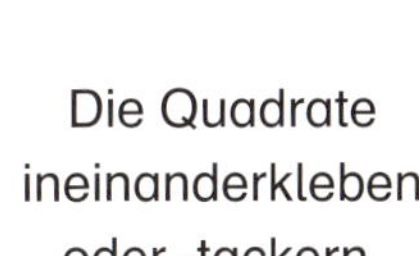

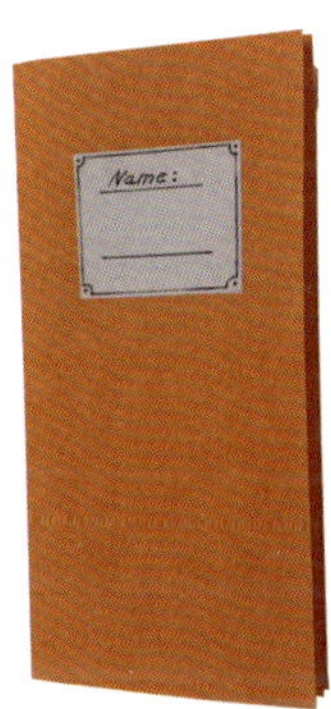

Heft:
Drei Quadrate (oder mehr) zum Rechteck falten.

Die Quadrate ineinanderkleben oder -tackern.

Heft ausgestalten (z. B. mit Fotos, Unterschriften der anderen Kinder, einem kleinen Verabschiedungstext …)

VORLESETEXT

Und ganz zum Schluss,
welch ein Genuss,
kommt eine Tafel Schokolade
zu meinem großen Ehrentage!

DURCHFÜHRUNG

Quadrat zweimal
zum Rechteck falten.

Zwei Außenkanten
in die Mitte falten, öffnen.

Die zwei gegenüberliegenden
Außenkanten in die Mitte falten, öffnen.

Ein paar Worte zum Schluss

*Liebe Leser*innen,*

vielen herzlichen Dank, dass Sie in dieses Buch geschaut haben.

Ich würde mich sehr freuen, wenn Sie etwas für sich darin gefunden haben.

Das Quadrat bedankt sich übrigens ebenfalls und möchte noch anmerken: Alle Faltanleitungen in diesem Buch sind zweidimensional, aber das Quadrat kann auch dreidimensional! Ehrlich!

Kennen Sie eine Schachtel? Oder das Klappspiel „Himmel und Hölle"? Oder einen Papierflieger? Oder ein Windrad?

Viel, viel Spaß und herzliche Grüße

Ihre

Andrea Graner

TSCHÜSS

Ihr Platz für Notizen und eigene Ideen